Augustin Filon

Lord Randolph Churchill et la Démocratie conservatrice en Angleterre

Le savoir en poche

ISBN : 978-1546758266

10 9 8 7 6 5 4 3 2 1

Augustin Filon

Lord Randolph Churchill et la Démocratie conservatrice en Angleterre

Le savoir
en poche

Table de Matières

Introduction

Une nation de paysans propriétaires, comme la nôtre, est, par la force des choses, la nation la plus conservatrice de l'Europe. Elle peut être, pour un temps, séduite par des aventuriers, troublée par des utopistes, gouvernée par des maladroits ou des paresseux, par des intrigants ou des sectaires : elle reste calme, en dépit des bouillonnements superficiels de la politique, et prospère, malgré les crises économiques qui atteignent la terre elle-même, car la terre, quoi qu'on dise, ne peut faire banqueroute. Cette nation repose sur une assiette indestructible ; elle brave la révolution sociale. Supposez-le résolu, ce prétendu problème social ; renversez-en les termes, en posant la solution à la place de la donnée. Imaginez, pour un moment, qu'un collectivisme quelconque est l'état normal, l'état légal de la propriété en France. Vienne maintenant un homme qui propose de substituer à ce système primitif et barbare la propriété individuelle, telle que nous la connaissons, telle qu'elle est régie par nos codes, la propriété avec des droits partout uniformes et des devoirs identiques pour tous, la propriété qui passe de mains en mains, sous le contrôle et la garantie de l'état, moyennant des formalités peu compliquées et peu coûteuses, la propriété, enfin, avec la loi de succession qui en est le corollaire : de quels cris d'enthousiasme ne saluerait-on pas ce réformateur ! Ne s'écrierait-on pas qu'il a trouvé la forme dernière et définitive des sociétés modernes, la seule en harmonie avec un âge de sécurité, d'indépendance et de justice ? Même dans les conditions présentes, le parti qui soutient les formes sociales existantes, et auquel, par la disparition du parti libéral, échoit l'honneur de défendre la liberté de conscience et les autres libertés nécessaires, est assuré de dominer dans notre pays, et d'y dominer longtemps, le jour où il aura trouvé un chef et reconquis son unité.

Bien autrement précaire et dangereuse est la situation du parti conservateur en Angleterre. Après une longue et glorieuse histoire, les whigs, absorbés par les radicaux, ont cessé d'être un parti indépendant, et les tories occupent les positions abandonnées par les whigs. Mais il en est des positions politiques comme de certaines positions stratégiques, jadis réputées imprenables, et qui ne tiendraient pas un quart d'heure contre l'artillerie moderne. La question est posée entre l'Angleterre aristocratique de Burke et de Pitt, qui ne sera bientôt plus qu'un souvenir, et l'Angleterre démocratique de Gladstone et de Chamberlain, momentanément divisée par la question irlandaise, en réalité chaque jour plus puissante, et suivie de près par le groupe socialiste, qui réclame la nationalisation de la terre. Le ministère Salisbury, appuyé sur une coalition de circonstance, n'existe qu'à la condition d'appliquer le programme de ses adversaires, au lieu du sien. Ce ministère règne et ne gouverne pas ; et le temps n'est pas loin où les tories, comme ces gardiens de la Tour dont le costume suranné amuse les badauds, n'auront plus qu'à veiller sur des choses mortes, sur des joyaux historiques et des armures vides !

Comment rendre le paysan et l'ouvrier, récemment incorporés au pays légal par la réforme électorale de 18¬7 et surtout par celle de 1886, comment les rendre solidaires de cette constitution dont aucun bienfait n'est encore descendu jusqu'à eux ? Comment leur persuader que leur bonheur est indissolublement lié au maintien de la dynastie des Brunswick, de la pairie héréditaire et de l'église établie ? La royauté ? Ils l'entrevoient de loin, dans les grands jours, sous la forme d'une vieille dame en deuil, qui salue alternativement à droite et à gauche. Tous les jours leurs journaux leur apprennent, dans des statistiques pleines d'amertume, combien de pièces d'or, — faites de leurs *pence* de cuivre, — cette royauté mange par seconde. La chambre des lords ? Elle représente, a dit Charles Kingsley, toutes les fourchettes d'argent du royaume ; elle n'a donc rien à voir avec ceux qui ne possèdent que des fourchettes de fer ou d'étain. Les procès de divorce et les débats de la cour des banqueroutes les ont édifiés sur la valeur morale, la dignité, la sagesse de ces législateurs héréditaires. Tel duc est le premier agioteur de l'Angleterre I tel autre duc est tellement perdu de mœurs qu'il ne peut regarder une femme sans la faire rougir, ni la saluer sans la compromettre. Un autre pair dirige, de ville en ville, une troupe d'opérette et rosse le mari de sa *prima donna*, lorsqu'il se permet de troubler, après minuit, les tête-à-tête du noble *impresario* avec sa pensionnaire. Quant à l'église établie, le paysan ne la connaît guère, et l'ouvrier ne la connaît pas. Tous deux préfèrent leur humble ministre, wesleyen ou baptiste, dont la femme sort à pied, et qui, né du peuple, parle au peuple son langage.

Par quel miracle assurer au parti conservateur le vote des nouvelles couches ? Par quel raisonnement subtil persuader à ces douze cent mille paysans, nouveau-venus dans la vie politique, que tout est au miens dans un monde où ils ne gardent et ne consomment, eux et leurs familles, que le sixième de ce qu'ils produisent.[1] Faut-il encore les payer de mots, les entraîner par des phrases, les leurrer avec des mensonges ? Ou ne vaut-il pas mieux, puisque aussi bien on

1 Voir Hyndman, *The historical basis of Socialism in England.*

les a invités à entrer dans la constitution, leur y faire honnêtement leur place, à eux comme à leurs frères, les travailleurs des villes ? Ne convient-il pas de les intéresser au maintien des institutions, et quelle meilleure façon de les rendre conservateurs que de leur donner quelque chose à conserver ? Cet élément de stabilité que la grande propriété donne aux gouvernement aristocratiques, la petite propriété doit l'apporter aux démocraties modernes. Vérité déjà vieille chez nous, mais qui commence seulement à poindre dans les esprits du grand nombre, en Angleterre !

Depuis que Bolingbroke a réorganisé le torysme, ce parti n'a pas traversé, même en 1832, de crise plus grave que celle-ci. Il s'agit d'avaler une de ces drogues puissantes qui tuent le patient ou le rajeunissent. Par des raisons qui seront expliquées plus-loin, la création d'une démocratie conservatrice présente, en Angleterre, des difficultés immenses. Pourtant il faut l'essayer, ou disparaître. Lord Beaconsfield le savait. Le temps, les forces, les circonstances ont manqué à cet homme si brillamment doué, et si intelligent, de son époque, mais trop sceptique, trop dilettante, trop ami peut-être de son repos pour s'attaquer résolument à si rude besogne. Ce qui fait défaut à ses successeurs immédiats, pour l'entreprendre, je me garderai de le dire. Un homme a ramassé le manteau d'Elie : c'est lord Randolph Churchill. Est-il digne de le porter ? Ira-t-il jusqu'au bout de sa tâche ? Saura-t-il, le moment venu, se faire accepter comme le *leader* du parti conservateur reconstitue ? Quelle que soit l'issue finale, l'homme et la tentative méritent l'un et l'autre d'être étudiés de près. Cette étude suggérera au lecteur français plus d'un rapprochement avec les événements ou les hommes de ces vingt dernières années, avec nos mécomptes et nos espérances, avec nos aventures passées comme avec nos besoins présents ; et, en histoire politique, toute comparaison est une leçon.

Section I

Quiconque a visité Blenheim ne peut oublier ce singulier édifice qui tient du temple et du palais, cette ode de brique et de pierre à la gloire de Marlborough, emphatique, fastueuse et lourde, comme toutes les odes de ce temps-là. La maison, faite à la taille d'un héros, ou soi-disant tel, a paru un peu grande pour ceux qui l'ont habitée après lui, sans la remplir, honnêtes médiocrités ducales, figurants très convenables sur ce théâtre de la politique, où l'aristocratie anglaise jouait tous les rôles. La Providence mit cinq quarts de siècle à faire naître un homme de valeur sous ce toit magnifique ; encore voulut-elle qu'il ne fût jamais le maître de Blenheim. Né le 13 février 1849, lord Randolph Churchill n'est que le second fiis du dernier duc de Marlborough. A l'aîné, le titre, une fortune immense, la dissipation et le plaisir sous toutes ses formes. Au cadet, la vie sérieuse, un revenu modeste, et un bourg pourri, celui de Woodstock, pour dot et pour entrée de jeu.

A Eton, lord Randolph se fit remarquer par son ardeur à attaquer les écoliers plus grands que lui. Cette humeur agressive et rageuse le suivit à l'université. L'année où éclatait la guerre franco-allemande, il obtenait le diplôme de maître ès arts, ou, si l'on veut, de docteur ès lettres. A vingt ans, déjà fils d'un duc et docteur : beaucoup se seraient reposés toute leur vie d'un pareil effort. Pour Randolph Churchill, ce n'était même pas un début. Aux élections générales de 1874, il prit possession de son bourg de Woodstock, non sans combat. On avait décoché d'Oxford un savant homme, escorté de plusieurs professeurs, qui voulait arracher les électeurs de Woodstock à leur ilotisme héréditaire ; mais ces braves gens restèrent fidèles au fils du maître, à l'enfant de la maison, qu'ils avaient vu, tout petit, dénicher des œufs et dresser des chiens sous les futaies de Blenheim.

Presque au moment où il prononçait dans le parlement son *maiden speech*, lord Randolph se mariait et venait, si je ne me trompe, s'installer dans la maison qu'il habite encore aujourd'hui, en face de l'Arche de marbre qui forme l'entrée nord-est de Hyde-Park, à l'un des carrefours les plus vivants et les plus caractéristiques de Londres. Maison étrange, aiguë comme un promontoire, dont une face regarde les pelouses du parc, tandis que l'autre surveille la grande artère populeuse d'Edgware road, où roulent les cabs et les omnibus, avec un bourdonnement infini et ininterrompu, de neuf heures à minuit. Assurément, on ne vient pas dans une pareille demeure pour méditer ; on ne se loge pas là quand on craint la rumeur populaire. C'est la maison d'un tribun, non celle d'un philosophe.

Suivons le jeune député de Woodstock à Westminster. Une majorité conservatrice, un peu « étonnée de s'y voir, » envahissait joyeusement les bancs ministériels, à droite du speaker, qui sont aux bancs de l'opposition ce qu'est, en hiver, le côté du soleil au côté de l'ombre, dans Pall-Mall. Sur le premier rang, dans une attitude un peu molle, légèrement voûté, le vieux Disraeli, ou, plus familièrement, Dizzy : une figure fine, pâle, fatiguée, aux plis profonds, glabre comme celle d'un acteur ; les yeux clos, à la manière des félins, sans qu'on puisse savoir s'il dort ou s'il guette ; sur son front ridé descend une bouclette roulée, reste d'une chevelure luxuriante. Ne vous moquez pas de cette boucle, historique comme la mèche de Girardin : c'est tout ce qui subsiste, en 1874, du byronisme et de l'âge des *dandies*.

Sur le banc qui fait face à Disraeli, on chercherait vainement son illustre rival. Le crâne d'ivoire poli, l'œil d'oiseau de mer, la grimace énigmatique de Gladstone, ont disparu de la chambre, ainsi que son mémorable parapluie vert et ces gros gants informes où il plongeait ses mains d'un seul coup. Partout on entend dire, même et surtout au *Reform club* : « Gladstone est usé, Gladstone est fini ; nous ne voulons plus de Gladstone ! » Déjà on parle de le déposer. Les lieutenants de cet Alexandre qu'on veut enterrer vivant se pressent sur le premier banc, Lowe, Forster, sir William Harcourt, et le marquis de Hartington, le dernier des whigs, ce grand seigneur qui fait de la politique d'un air dédaigneux et dégoûté, et qui sera choisi pour leader peut-être parce qu'il en a moins envie que les autres.

En réalité, Gladstone n'est ni usé ni fini ; sa popularité traverse une éclipse. Il n'est plus le *people's William*, il n'est pas encore *the grand old man*. En moins de six ans, il a presque accompli une révolution. Il a supprimé l'église protestante officielle en Irlande ; il a remplacé le scrutin ouvert, dans les élections, par le scrutin secret ; il a inauguré l'enseignement primaire obligatoire. Après tant et de si grosses réformes, faites coup sur coup, le pays veut respirer. Sans le dire, on en veut à M. Gladstone de la nullité où il a laissé tomber l'Angleterre, au point de vue de la politique européenne. La guerre de 1870 lui a révélé qu'elle n'est, aux yeux de Berlin, qu'une puissance de second ordre, car il y a des neutralités plus funestes que des défaites. Reconquérir le prestige perdu, dût-on le payer un peu cher, telle est la mission tacitement confiée à Dizzy par le peuple anglais. *By Jove*, on a gagné assez d'argent depuis vingt ans !

Dans le coin à gauche le plus éloigné du *speaker* s'entasse la députation irlandaise. Sur ces bancs, des figures nouvelles et menaçantes font pressentir que les beaux jours du professeur Butt et de son *home-rule* à l'eau de rose sont désormais passés. C'est là que se forment les points noirs ; c'est de là que descendront les premiers orages, soufflés par un petit homme aux lunettes de corne, appelé Biggar, et dont on rira ; puis, par un pâlot, aux lèvres serrées, aux colères froides, qui a nom Parnell, et dont on ne rira pas.

Tel est le spectacle dont s'amusait le jeune député de Woodstock, dans son coin favori, sur le second banc, derrière Disraeli.

Il prononça son premier discours le 22 mai, pour combattre la création d'un centre militaire à Oxford. En lui répondant, sir William Harcourt le félicita, suivant l'usage, des promesses de talent que contenait son début : compliment vulgaire qui devait, pour lord Randolph, se réaliser bien au-delà des prévisions et des désirs du donneur d'éloges ! A quelques mois de là, le vrai Randolph Churchill se dévoila inopinément. C'était un soir, la discussion roulait sur un bill qui prétendait réorganiser les pouvoirs locaux. Elle se traînait, ennuyeuse et vide, de non-sens en banalité, sous la direction du président du *Local Government Board*, le très honorable et très nul... Mais pourquoi le désigner plus clairement ? Ses vrais noms sont la routine administrative et l'infatuation ministérielle. Et voici que tout à coup on vit ce jeune homme debout, guerroyant contre ce que Carlyle eût appelé des *nonentities* et des *unrealities*, démolissant gaîment, en vrai gamin, cette pauvre petite loi, insidieuse et mesquine, bonasse et décevante, qui accordait d'une main, retirait de l'autre, annulait et paralysait par ses articles le principe qu'elle avait posé dans son préambule. « Les ministres, observait Randolph Churchill, s'imaginent tromper le peuple, et se trompent eux-mêmes... Je n'ai rien à dire contre le président du *Local Government Board* lorsqu'il vient discuter le traitement des inspecteurs des contraventions ou les attributions des bedeaux de paroisses. Mais je me fâche lorsqu'il se présente sous les apparences d'un grand législateur, et prétend réparer, avec ses petites méthodes et ses petites idées, les brèches de la constitution britannique. » Le succès de cette algarade fut grand, le scandale plus grand encore. Dans le camp libéral, l'indiscipline était la règle, mais elle était l'exception chez les tories. Aussi quelle rumeur au banc de la trésorerie ! Seul, Disraeli souriait : ce jeune homme lui rappelait ses belles impertinences de 1840. Quant au ministre attaqué, il avait écouté cette diatribe, la tête renversée en arrière, les mains croisées sur le ventre. Il déclara, avec dignité, « qu'il ne se sentait pas atteint. » Pas atteint, le pauvre homme ! .. Les ministres disent quelquefois de ces choses-là !

Depuis ce jour, les banquettes du parlement se repeuplent comme par enchantement, quand lord Randolph ouvre la bouche ; mais il ne profite guère de cette disposition où il entre plus de curiosité maligne que de réelle bienveillance. On ne l'entend qu'à de rares intervalles. Serait-ce que le jeune mari, l'homme du monde, absorbent en lui le député ? Il faut plutôt, m'assure un de ses amis, attribuer son silence, ses fréquentes absences, à l'état chancelant de sa santé. Il vivait moins à Londres qu'à Dublin, chez son père, alors vice-roi d'Irlande.

En 1880 ont lieu les élections générales qui renvoient Gladstone à Westminster à la tête d'une majorité formidable. L'Angleterre n'était pas satisfaite de son expérience conservatrice. Elle avait beaucoup perdu de sa prospérité, recouvré très peu de prestige. L'honneur de détenir Chypre, ce nid de fièvres, et d'annexer quelques actions du canal de Suez ne faisait pas contrepoids au désastre d'Isandula et au péril de l'Afghanistan. Cependant, un vol de corbeaux s'était abattu sur Woodstock : des messieurs, tout de noir vêtus, avec des chapeaux en tuyaux de cheminée, « singulières créatures à voir errer dans une circonscription rurale ! » Mais lord Randolph, cette fois, n'était plus seulement un fils de duc, il était quelqu'un. Il se moqua de ses adversaires et les battit haut la main.

Dieu merci, il était dans l'opposition, et, comme on va le voir, doublement dans l'opposition ! Dès les premières heures de la session, il trouva l'occasion de s'affirmer, non plus comme un indépendant, un franc-tireur parlementaire, mais comme un chef de parti. L'affaire Bradlaugh lui en donna les moyens.

C'est au moment de la prestation du serment, cérémonie longue et ennuyeuse, qui se passe, d'ordinaire, au milieu de l'inattention et du brouhaha. Le nouvel élu de Northampton s'approche à son tour de la table, exhibe le papier qui établit d'une manière authentique son élection, et, lorsqu'on lui présente la Bible, informe respectueusement le *speaker* qu'il ne lui est pas possible de prêter serment en prenant à témoin des croyances qu'il ne partage pas et qu'il considère comme de pures superstitions. Mais il est prêt à affirmer, sur son honneur de *gentleman* et de citoyen, qu'il servira fidèlement la reine, dans ce parlement, et observera la constitution. On lui répond que son affirmation ne peut être acceptée à la place de son serment. Les quakers, seuls, sont admis à affirmer ; mais M. Bradlaugh est athée, non quaker ; il ne peut donc bénéficier de l'exception. Le règlement est formel ; en se portant candidat à Northampton, il a d'avance et implicitement accepté les lois et les usages du parlement : « Soit, dit M. Bradlaugh, content d'avoir manifesté ses opinions antireligieuses à la face du parlement, je prêterai serment. »

Doit-on accepter ce serment ? Émue, indécise, l'assemblée s'agite. Le membre le plus marquant qui siège au banc de la trésorerie (c'était l'infortuné Frederick Cavendish, qui devait tomber, deux ans plus tard, dans Phœnix Park, sous le poignard des assassins) propose de renvoyer la question à une commission. Machinalement, sir Stauord

Northcote, le *leader* de l'opposition conservatrice, acquiesce à cette suggestion. C'est ici qu'interviennent lord Randolph et ses amis. A quoi bon, disent-ils, une commission en pareille matière ? Une commission compulse des dossiers, réunit des témoignages, vérifie des faits. Ici, point de dossiers ; les témoins, c'est le parlement ; il n'y a qu'un fait, et il est patent. C'est une question de conscience, qui doit être résolue par « l'instinct moral, » par cet instinct d'une grande assemblée politique qui, suivant un mot de lord Beaconsfield, ne peut se tromper, *the unerring instinct of parliament.* Permettra-t-on à M. Bradlaugh de prêter un serment dérisoire dont il a d'avance infirmé la valeur et détruit la sanction ? Lui permettra-t-on de dire, au milieu du parlement : « J'atteste Dieu que je suis le loyal sujet de la reine, » et d'ajouter en ricanant : « Seulement, ce Dieu n'existe pas ? » Si on consulte, au surplus, les écrits de M. Bradlaugh, et notamment *la Mise en accusation de la maison de Brunwick*, on ne conservera pas plus d'illusions sur son affirmation que sur son serment. Non, le parlement doit prendre au mot cet athée, ce révolutionnaire qui s'est trahi lui-même, et le repousser de son sein.

Non-seulement sir Stafford Northcote est obligé de revenir sur son imprudente concession, mais une majorité considérable, empruntée aux libéraux aussi bien qu'aux tories, endosse l'énergique argumentation de lord Randolph. Cependant la lutte n'est pas finie ; pendant des mois, pendant des années, M. Bradlaugh la soutiendra avec un calme, une patience, une obstination invincibles. Il assiste aux séances, en-deçà de la barre, dans une région neutre qui forme les limbes du parlement, à peu près comme les pénitents ou les catéchumènes assistaient à la messe dans l'église primitive. Un jour, il bondit jusqu'à la table, s'empare de la Bible et veut prêter de force, en dépit du vénérable Erskine May, le serment qu'il n'a pas voulu prêter de bonne grâce. Arrêté dans cette tentative, il tire, un autre jour, de sa poche, une édition du Nouveau-Testament, et s'administre le serment à lui-même. Mis en prison, renvoyé devant la justice ordinaire, qui le condamne, il en appelle, et, tandis que l'affaire est pendante, maintient et exerce son droit de parler dans le parlement, bien que chacune de ses paroles l'expose à payer une énorme amende. L'épisode le plus mémorable de ce duel entre un homme et un parlement est assurément la bataille, à coups de pied et à coups de poing, livrée par M. Bradlaugh à quatorze policiers qui voulaient l'empêcher de pénétrer dans la salle. Le député de Northampton et ses quatorze adversaires, en une massé compacte, roulèrent en bas de l'escalier, au pied duquel M. Bradlaugh, épuisé, presque nu, dut s'avouer momentanément vaincu. J'avais, jusque-là, suivi sa résistance avec une sorte d'intérêt : cette ignoble scène de pugilat lui fit perdre mes dernières sympathies. Or, c'est ce jour-là, peut-être, qu'il a gagné sa cause devant une assemblée de *sportsmen*. Le parlement s'est relâché de sa sévérité et a rouvert ses portes à M. Bradlaugh : il en est aujourd'hui un des membres les plus laborieux, les plus utiles et les plus corrects.

Du moins, lord Randolph Churchill ne lâcha jamais prise, et resta sur la brèche jusqu'au bout. Dans la discussion de la loi sur les serments (1883), il prononça un bien curieux discours, où il ramassa tous ses arguments, et les éleva, par l'expression, jusqu'à l'éloquence.

Pour des esprits imbus, comme les nôtres, du dogme de la souveraineté populaire, il est surprenant de voir avec quelle désinvolture lord Randolph fait litière des électeurs de Northampton et du droit qu'ils ont à être représentés. Ce droit, paraît-il, n'a rien d'absolu. C'est une concession, une faculté, un privilège : appelez-le du nom qu'il vous plaira. « Les circonscriptions peuvent nommer qui elles veulent ; le parlement reste maître d'accepter ou de rejeter leur mandataire. Il l'a toujours fait et le fera toujours. » Car la souveraineté ne réside point dans telle ou telle fraction du corps électoral, mais dans l'assemblée qui émane du corps électoral tout entier. Telle est cette théorie, qui équivaut presque au « droit divin » des parlements.

On cite en faveur de M. Bradlaugh l'exemple des quakers. Mais le cas est diamétralement inverse, car les quakers agissent par respect du serment, et M. Bradlaugh par mépris du serment. Les quakers ne trouvent pas la politique assez sainte pour y faire intervenir le nom de Dieu, et M. Bradlaugh trouve la politique trop sérieuse pour y mêler ce concept enfantin. On a modifié la formule du serment en faveur des catholiques, mais les catholiques, qui diffèrent des protestants sur des questions de forme, ne se font pas du serment et des devoirs qu'il entraîne une idée moins haute ni moins religieuse. Eux aussi sont des chrétiens, et d'excellents chrétiens. Mais les juifs ? demandera-t-on. Vous connaissez mal lord Randolph si vous le croyez embarrassé de justifier l'admission des juifs. Les juifs croient en Dieu ; les juifs ne sont séparés de l'arianisme que par un degré : or « il s'en est fallu de l'épaisseur d'un cheveu que nous ne fussions ariens. » D'ailleurs, que M. Gladstone ne l'oublie pas, la race juive est punie, mais non déchue : elle n'a pas été dépossédée de ses magnifiques privilèges intellectuels. Après avoir traversé de longs âges d'expiation, elle sera un jour, — c'est la doctrine orthodoxe, — pardonnée et réconciliée ; elle rentrera dans la communion chrétienne, comme elle est déjà rentrée dans l'égalité sociale et politique.

Ce théologien parlementaire, qui semble prêt à « lâcher » le Saint-Esprit pour mieux accabler Bradlaugh, peut paraître assez étonnant. Mais jetez les yeux autour de vous. Regardez ces ogives aux vitraux coloriés, ce baldaquin gothique sous lequel se tient le président, cette salle de forme allongée comme une basilique, sans parler du chapelain, qui est venu dire la prière au début de la séance. Comparez un pareil lieu avec nos salles entourées de gradins semi-circulaires et dominées par deux rangs de loges. Évidemment, c'est un théâtre qui, chez nous, a servi de modèle, tandis que le parlement anglais est né dans une église. Tant que les deux peuples vivront, leurs assemblées politiques se ressentiront de cette origine. Comédiens en-deçà de la Manche, prêcheurs au-delà.

Aussi n'est-ce pas une vaine étiquette parlementaire, un pur détail de forme que lord Randolph Churchill défend dans son discours. Il laisse ces inquiétudes et ces scrupules aux Bridoisons de Westminster. Ce qu'il veut élever au-dessus de la discussion, c'est le caractère religieux des délibérations du parlement. « Ce caractère n'appartient à aucune autre nation, si grande, si libre qu'elle soit ; et je ne sais si la prospérité sans exemple du peuple anglais, sa longue durée, la grandeur qui lui est encore, je le crois, réservée dans l'avenir, ne sont pas liées, en quelque sorte, au caractère religieux de notre constitution. » Ici l'accent devenait profond, solennel, sévèrement enthousiaste, presque majestueux, en même temps qu'il était parfaitement pur d'afféterie dévote. Il retentit dans les âmes, entraîna les votes, et la puissance du jeune orateur grandit d'autant.

Depuis le jour où il avait arraché, pendant un instant, à sir Stafford Northcote, la direction du parti conservateur, l'attention du public s'était portée sur lui ; elle ne le quitta plus. Il avait pour lieutenants un légiste, M. Gorst, et un diplomate, sir Henry Drummond Wolff, auxquels se joignait quelquefois M. Balfour. Petit état-major sans soldats, redoutable, pourtant, par les talents et l'activité de ceux qui le composaient. Je vois, dans un *speech* de lord Hartington, qu'à la fin d'une session sir H. Wolff a parlé 68 fois et adressé 34 questions au gouvernement, lord Randolph Churchill a fait 74 discours et 21 questions, M. Gorst a pris la parole 105 fois et fait 18 questions. On les appelle le quatrième parti, et ce nom, prononcé d'abord en souriant, passe dans la langue courante. Sir Di'ummond Wolff et M. Gorst se l'appliquent volontiers à eux-mêmes. Lord Randolph ne s'en sert jamais. Il vise plus haut. Être le caporal d'une escouade parlementaire, si distinguée qu'elle soit, ne peut Être le dernier mot de son ambition.

Section II

Lord Randolph a quitté son poste d'observation pour un poste de combat. Assis au premier banc, au-delà du *gangway*, il est visible de tous les côtés de la chambre, lorsqu'il se lève pour parler. La taille, un peu au-dessous de la moyenne, ne manque pas d'élégance ; mais le masque n'est pas beau. Une tête en boule, un nez court et retroussé, de gros yeux à fleur de tête, donnent au visage une expression singulière d'audace, quelques-uns disent d'effronterie. Le teint est pâle, légèrement plombé ; une grosse moustache blonde aux bouts effilés et tordus, des cheveux noirs, collés au crâne, séparés par une raie centrale qui s'élargit déjà, complètent cette physionomie. Si vous le rencontriez dans les rues de Paris, vous le prendriez pour un officier de cavalerie en bourgeois, — un de ceux qui feuillettent plus volontiers *la Vie parisienne* que la *Théorie*. Son attitude n'a rien qui impose ; son geste est monotone, machinal, parfois ridicule. En parlant, il boutonne et déboutonne sa jaquette ou sa redingote. Pendant des discours entiers, il abat son poing droit sur la paume de sa main gauche, avec la régularité d'un marteau de forge mû par la vapeur. Il insère des notes dans l'intervalle de ses cinq doigts allongés, et, lorsqu'il agite sa main ainsi chargée de papiers, fait songer les spectateurs à un moulin à vent. A d'autres, il donne l'idée d'un faiseur de tours ou d'un cantonnier qui cherche à arrêter un train par ses signaux.[2] La voix est forte et puissante ; elle étonne par son volume, comme le gros bruit qui sort du corps chétif du grillon ou de la cigale ; mais elle est creuse, sèche, dure, sans inflexions. Cette émotion, cette nervosité qui rendit muets, dans le parlement, un Gibbon, un Stuart Mill, et qui, dans les grandes soirées critiques, au début d'un discours solennel, donne à la voix d'un Gladstone certaine vibration particulière, est absolument inconnue de lord Randolph Churchill. Son sang-froid va jusqu'au sans-gêne, et il ne juge nécessaire ni de s'interrompre dans sa période, ni de changer de diapason pour demander du brandy et de l'eau de seltz à son ami Gorst, qui lui apporte un verre d'eau pure. C'est sans enfler la voix, sur le ton le plus aisé et le plus naturel, quelquefois même d'un air

---

2 W. Lucy, *Diary of two parliaments*. D. Anderton, *Scenes in the Commons*. J.-B. Crozier, *lord R. Churchill, a study of the English democracy*.

familier et confidentiel, qu'il lance des accusations énormes contre des hommes considérables, assis en face ou à côté de lui.

Cela peut sembler choquant, et cependant il est heureux que le parlement ne soit pas entièrement livré aux avocats, aux professeurs, à tous ceux dont le métier est de parler ; il est bon qu'on y entende, de temps à autre, un de ces *boys* pour qui la parole n'est pas un art difficile, un travail plein d'angoisse, mais un amusement, un jeu, une forme de sport, qui haranguent d'instinct, de génie, sans règles ou même au mépris des règles, qui brisent le formalisme des bienséances parlementaires, rajeunissent et assouplissent la langue des débats en y jetant des mots de salon, des mots de club, des mots de la rue. Sans eux, le parlement ne serait plus en communication avec la vie du dehors ; il deviendrait tantôt une école de rhétorique, tantôt une société d'actionnaires ; il s'éteindrait dans l'aridité des chiffres ou l'inanité des phrases.

Et, pourtant, il est amusant de constater qu'il n'y a point d'orateur, si libre, si jaillissant, si spontané qu'il soit, sans un système oratoire. Ceux qui n'ont pas traversé l'école, ou ne daignent pas s'en souvenir, se font une rhétorique à eux-mêmes, conforme au milieu et à leurs besoins. Ainsi fait lord Randolph. Il a, sans le savoir, presque autant d'exordes que le meilleur élève de Quintilien. S'il parle devant des amis, tories convaincus comme lui-même, il plonge *in medias res*. Si son auditoire est douteux ou inconnu, il a l'exorde bonhomme, familier, flâneur ; il est si peu pressé d'arriver qu'il semble n'aller nulle part. A la chambre des communes, point d'exorde : là, en effet, il n'a besoin ni de mettre au courant des ignorants, ni d'échauffer des auditeurs encore froids. Il doit, au contraire, s'assimiler la température ambiante, prendre la question où les autres l'ont laissée. Il faut s'appeler Thiers, Gladstone ou Bismarck pour traiter une question *ex professo* devant un parlement, et lord Randolph n'en est pas encore là. Songez à la lassitude d'une réunion politique qui a entendu des centaines de discours, lu des milliers d'articles, sans compter les conversations à table, en chemin de fer, dans les couloirs, sur l'occupation de l'Egypte, la question irlandaise ou la réforme électorale : comment triompher d'une fatigue qui touche à l'énervement ? Comment arracher à un tel auditoire cinq minutes d'attention sur ces sujets épuisés ? Ceux qui ont vécu dans les assemblées politiques savent qu'une question n'y reste jamais immobile. Comme une statue sur un piédestal tournant, elle se meut sans cesse, et, dans cette rotation, révèle des aspects nouveaux, sous un nouvel angle de lumière. Saisir avant les autres cet aspect nouveau est le talent, ou le don, de lord Randolph, et c'est pourquoi il n'a jamais ennuyé.

Tout autre est sa méthode hors du parlement ; il semble tâtonner, hésiter, jusqu'à ce qu'il ait trouvé un thème, une sorte de refrain. Quelquefois il se le fournit à lui-même. « Le radicalisme est une blague, » s'écrie-t-il un jour, et il brode d'audacieuses variations sur ce motif qu'il ramène de loin en loin. Il laisse, en finissant, ce mot brutal dans l'esprit de ses auditeurs, où il restera : car, lord Randolph le sait, les arguments s'oublient, les formules demeurent. Le plus souvent, il s'empare d'un mot malheureux échappé à un adversaire, ou même d'un mot insignifiant que personne n'a remarqué, qui, pris en lui-même, paraîtrait inattaquable. Il le ramasse, le retourne, le lance en l'air, le rattrape, à la manière du clown qui jongle avec un vieux chapeau mou ; il le presse si bien qu'il en fait sortir dix sens absurdes, vingt corollaires saugrenus. Faute de mieux, un paragraphe de journal lui suffit. Il a lu le matin, comme tout le monde, dans une feuille libérale, le renseignement suivant : « *Château de Hawarden.* — M. Gladstone a assisté au service divin, gardé comme à l'ordinaire.[3] » Écoutez ce que cette simple phrase va fournir à lord Randolph : « Gardé comme à l'ordinaire ! Comme à l'ordinaire ! Bon Dieu ! quel commentaire sur le programme du gouvernement libéral dans ces deux mots : « comme à l'ordinaire ! » Savez-vous bien que depuis les jours lointains où l'on inventa ce qui s'appelle un premier ministre jusqu'à nos jours, il n'y en a jamais eu un seul à propos duquel on ait pu écrire une pareille phrase. Il en est venu, il en a passé beaucoup, des premiers ministres : des bons, des mauvais, des indifférents ! mais les meilleurs comme les pires n'ont jamais été gardés par personne, si ce n'est par le peuple anglais. En sommes-nous venus là ? Les temps sont-ils si mauvais, les passions si librement déchaînées, après quatre ans de gouvernement libéral, que l'apôtre de la liberté, le bienfaiteur de son pays, l'homme pour lequel il n'y a pas de flatterie trop écœurante ni d'hommage trop servile, ne puisse assister au service divin, dans l'église de sa paroisse, sans être « gardé comme à l'ordinaire ? » Ah ! certes, l'art de gouverner doit être tombé bien bas, si le premier serviteur de la couronne a besoin d'être veillé nuit et jour par des alguazils armés jusqu'aux dents ! »

Après des détours plus ou moins fantasques et bon nombre d'attaques *ad hominem*, le discours aboutit généralement à une vue d'ensemble de la politique libérale ou de la politique conservatrice, sou-

---

3 A ce moment, les *feniatis* avaient menacé de mort M. Gladstone, ce qui rendait nécessaire la présence de deux ou trois agents de police dans le voisinage de son château.

vent à un parallèle des deux programmes. Puis vient une péroraison patriotique, belliqueuse, entraînante, d'un mouvement rapide et fier, où il semble sonner la charge contre ses ennemis.

Les considérations historiques sont rares dans les discours de lord Randolph. Ce n'est pas que le jeune maître ès arts ne sache pas qu'il y a eu une Angleterre avant sir Robert Peel et avant Canning : mais il est si moderne ! L'idée ne lui vient pas, comme à d'autres, de se retourner vers le passé. Il est de ceux qui, déjà, n'ont plus de regards que pour le XXe siècle. Sauf les orateurs vivants, dont il étudie les discours pour y trouver des armes contre eux, et quelques écrivains économiques, dont il emprunte ou discute les statistiques, il ne cite que Shakspeare et Corneille. Point de vers latins, c'est le vieux jeu, bon pour lord Granville et les « académiciens » de la chambre haute. Les épigrammes pleuvent et les portraits abondent ; mais les unes sont des coups de boutoir, les autres des caricatures. Çà et là, des anecdotes plaisantes, mais un peu vulgaires[4] : rien ne ressemble moins à ces réminiscences d'homme d'état et d'historien dont Thiers assaisonnait ses causeries oratoires. La véritable force de lord Randolph est dans le sarcasme ; elle est aussi dans le don de réaliser les abstractions, de rendre les idées visibles et palpables, d'éclairer les objets par des comparaisons qui s'imposent à lui bien plus qu'il ne les cherche. Un cerveau de poète ne les enfanterait pas avec plus d'abondance, plus de furie. Les whigs sont « des étoiles filantes ; » les radicaux, « des nuages sans eau. » Lorsqu'il veut faire comprendre la marche de la Russie vers l'Inde, il la voit tour à tour bondir comme un tigre, ou se traîner, lente et sinueuse, comme un serpent qui rampe sur son ventre. La domination anglaise dans l'Inde, c'est une mince nappe d'huile à la surface, qui maintient dans le calme un immense et profond océan d'humanité, et y refoule les tempêtes. Pour décrire le malaise de l'industrie, il a des images brutales, saisissantes, d'un relief extraordinaire. C'est ainsi que Shakspeare eût peint une crise économique. « Votre industrie métallurgique est

4 En voici un échantillon. Il servira à prouver que, si lord Randolph défend l'église établie, il ne s'interdit pas la raillerie à l'égard de ses membres. « Il y avait une fois, dit-il, un clergyman qui possédait plusieurs maisons dans une grande ville. Il apprit qu'une de ces maisons contenait un cabaret et qu'il s'y faisait tous les soirs beaucoup de bruit, beaucoup de désordre, beaucoup de scandale. Le clergyman fut choqué. Il courut chez son *solicitor* : « Vendez, lui dit-il, au plus vite cette maison : je ne veux pas en être le propriétaire une heure de plus. — C'est parfait, répondit le *solicitor* ; mon devoir est d'exécuter vos ordres ; mais je dois vous prévenir que la maison rapporte 8 pour 100, et que, si je vends et si je place votre argent, je ne trouverai pas plus de 4. — Hum ! fit le clergyman, J'y réfléchirai ; .. il faut que j'en parle à ma femme. Depuis, le *solicitor* n'a plus jamais entendu parler de l'affaire »

morte, *morte comme le mouton que vous mangez* ; le charbon, qui en dépend, languit. Votre industrie de la soie, morte, assassinée par l'étranger ! Votre industrie de la laine est à l'article de la mort, elle râle, elle agonise. Votre industrie cotonnière est sérieusement malade. La construction navale, qui a tenu bon plus longtemps que les autres, est paralysée. Regardez partout, et partout vous trouverez des symptômes morbides, des menaces de mort… Le fer étranger, la laine étrangère, la soie et le coton étrangers, entrent chez vous par torrents, vous inondent, vous coulent, vous noient ! .. »

Cette imagination surexcitée voit monstrueux, et ne trouve pas de paroles assez fortes pour rendre ce grossissement des choses ; de là ces exagérations de langage qu'on lui reproche si amèrement et qui feraient croire à une sorte de délire oratoire. Les ministres, « ces lâches, ces traîtres, ces créatures ineptes et déshonorées, qui s'intitulent les ministres de Sa Majesté, » que sont-ils ? Une bande de chenapans, une ménagerie de bêtes étranges et malfaisantes. Lord Ripon a la stupidité de l'autruche, lord Derby est le rongeur politique qui abandonne les cabinets prêts à crouler. M. Bright, — le vertueux John Bright, le pur parmi les purs ! — « entortille dans des voiles hypocrites ses formes squalides et corrompues. » Et Gladstone, le « funeste lunatique, » le « Moloch de Midlothian ? » Il marche littéralement dans le sang ; ses mains dégouttent, ruissellent de sang anglais. Les étrangers ne sont pas mieux traités. Honduras, Costa-Rica et le Venezuela sont « des petites républiques mendiantes et pillardes. » Le khédive Tewfik est « un incapable et un indigne. » Un officier du tsar, chargé de délimiter les frontières de l'Afghanistan, « a menti et triché comme un Russe sait seul tricher et mentir. » Tout cela, je le répète, est médiocrement parlementaire, mais absolument shakspearien : c'est ainsi qu'on discute dans *Coriolan* et dans *Richard III.*

Les affirmations ne sont jamais tempérées par une réserve ou par un doute ; les jugements prennent tous des airs d'axiomes. « Ni vraie modestie, ni fausse modestie, dit en parlant de lui un spirituel journal : lord Randolph a le courage de toutes ses opinions, y compris la bonne opinion qu'il a de lui-même. » Parmi des centaines de discours et d'allocutions, on ne trouvera nulle part un mot ému, une note attendrie. Lorsque, au début d'un de ses discours de Birmingham, il croit devoir donner un souvenir au brave colonel Burnaby, une des plus intéressantes victimes de la folle campagne du Soudan, il le fait en quelques lignes nobles, décentes, mais un peu froides ; puis la passion politique le ressaisit avant même qu'il ait terminé cette brève oraison funèbre. Quelques personnes, frappées de cette sécheresse, vont jusqu'à dire qu'il n'a point d'âme. C'est là, je crois, une erreur et une injustice. Sa politique est humaine, généreuse, amie du peuple et conforme à l'évangile. Pourquoi lui demanderait-on, par surcroît, des larmes dans la voix et des effets de pédale oratoire ? « Les hommes qui pleurent facilement sont bons, » disait naïvement le vieil Homère. Depuis, nous avons appris, à nos dépens, combien égoïste, combien funeste est la race des pleurnicheurs. Quant à la *self-complacency*, qu'on reproche à lord Randolph, n'est-elle pas l'*œs triplex*, la cuirasse nécessaire aux combats de la politique ? Les consciences trop modestes et les épidermes trop sensibles feront bien de ne point s'exposer dans la mêlée des partis. Mépriser ses adversaires, même quand ils sont respectables, avoir toujours confiance en soi, même après s'être beaucoup trompé, sont les étranges vertus du politicien, et lord Randolph en est suffisamment pourvu. Invulnérable à la calomnie, insensible aux injures, il a dit lui-même un jour : « Le critérium de la force, chez les individus comme dans les nations, c'est de ne pas craindre le ridicule. »

Il eut souvent à exercer ce précieux don pendant les années 1883 et 1884. Les journaux à caricatures le représentaient comme un bouledogue qui jappe aux mollets des amis de son maître, ou comme un chat au poil hérissé, lâché sur la piste d'Epsom et galopant derrière les coureurs avec une casserole attachée à la queue. Chaque matin, les journaux radicaux faisaient feu contre lui de toutes leurs bordées, et le froid dédain des feuilles conservatrices était plus blessant encore. Le *Standard*, organe principal du torysme, lui signifia crûment qu'il n'était qu'un enfant mal élevé, un écolier sans expérience, « trop ignorant même pour connaître la profondeur de son ignorance. » Un soir, — c'était vers le milieu de l'année 1884, — étant venu au parlement comme de coutume, il n'aperçut, comme il l'a raconté plus tard, que des visages hostiles ou sévères ; il remarqua que toutes les mains, autrefois affectueusement tendues, évitaient de rencontrer la sienne. Il s'assit dans un isolement douloureux. Alors ce vaillant, cet obstiné, eut son heure de trouble et de doute. A quoi bon lutter ? A quoi bon soulever des montagnes d'inimitié ? S'il plaisait au parti conservateur de s'endormir au bord d'un abîme, était-ce à lui de le réveiller ? Devait-il sacrifier à une tâche ingrate la paix de sa vie et ses plus chères amitiés ?

Il revenait, seul et triste, pour la première fois peut-être, vers sa maison de Connaught-place. Trois *gentlemen*, — remarquez le nombre fatidique, — l'attendaient en se promenant devant la porte. Ils lui apportaient une adresse d'adhésion enthousiaste du Carlton-Club de Cambridge. Il sentit que la jeunesse intelligente, que les masses populaires étaient avec lui, qu'un mouvement d'opinion, puissant, formidable, se dessinait dans le parti pour imposer à ses chefs une offensive vigoureuse au lieu d'une indécise et molle défensive. Il resta donc sur la brèche. Il était le président, mieux encore, le héros de la *Primrose-League*, qui s'étendait comme une traînée de poudre de Londres jusqu'au dernier hameau. A tort ou à raison, la foule voyait en lui la réincarnation de Beaconsfield, elle le revêtait de tout le prestige qui manquait à ses *leaders*. Une réconciliation s'imposait : elle eut lieu vers la fin de 1884, et le parti conservateur, désormais uni, marcha plus résolument à la conquête du pouvoir.

Personne n'avait contribué plus que Randolph Churchill à diminuer l'ascendant du grand chef libéral. Avant lui, nul n'osait se moquer de Gladstone ; après lui, tout le monde s'en mêla. Le premier, il s'égaya de ces phrases filandreuses et vides, dénonça les ambiguïtés d'expression qui cachaient des incohérences de pensée, rompit le charme sous lequel l'assemblée était comme enchaînée quand le magicien parlait, s'enveloppant dans un brouillard oratoire où filtrait sa pensée comme le reflet vague et diffus d'une lune invisible. Il le fit voir, dans son laboratoire politique, préparant, avec son fils, de mesquines mises en scène, et rivalisant de charlatanisme avec ces industriels qui bariolent les murs et encombrent les journaux de leurs réclames. Jusqu'au passe-temps inoffensif et hygiénique du bûcheron-amateur qui devenait le symbole de sa manie destructive ! Rien n'était sacré pour la hache de Gladstone : après les chênes de Hawarden, la chambre des lords et l'église établie. Surtout lord Randolph ne se lassait pas de le montrer à ce peuple anglais, si jaloux de sa foi religieuse et de son honneur militaire, comme l'homme qui avait soutenu Bradlaugh et abandonné Gordon. Dans un grand discours prononcé à How, il expliqua aux électeurs épouvantés que M. Gladstone avait eu, successivement, dix politiques en Irlande, neuf dans l'Asie centrale, dix-huit en Egypte, en tout trente-sept politiques différentes. L'orateur énuméra et caractérisa, une à une, ces trente-sept politiques. « Et maintenant, s'écria-t-il, voulez-vous savoir combien elles vous ont coûté ? Pour les dix politiques irlandaises, 1 million de livres sterling ajouté, chaque année, aux charges publiques. Pour les dix-huit politiques égyptiennes, 10 millions 1/2 de livres en crédits de guerre et en budget extraordinaire ; plus, la garantie d'un impôt de 8 millions contracté par le khédive ; plus, l'abandon des coupons des actions de Suez ; plus, les frais d'occupation militaire, qui devaient être remboursés et ne l'ont pas été. Pour les neuf politiques asiatiques, 6 millions 1/2, sans parler de 5 millions pour la construction de chemins de fer stratégiques qui ne rapporteront jamais un sou, sans compter une addition probable de 2 millions au budget militaire de l'Inde. Contribuables, faites le total, et comptez combien d'argent l'homme aux trente-sept politiques a fait sortir de vos poches ! »

Il semble que ce discours de Bow fut le coup de grâce. Cinq jours après, à propos des droits sur la bière, sur une motion de sir Michael Hicks Beach, le grand ministère Gladstone s'écroulait, en minorité de douze voix. Avant même que le résultat fût proclamé, en voyant le secrétaire tendre aux *tellers* de son parti le précieux papier qui indiquait le résultat du scrutin, lord Randolph sauta sur la banquette et agita frénétiquement son chapeau au-dessus de sa tête en poussant des hurrahs de triomphe, auxquels tout le jeune torysme, électrisé, fit un bruyant écho. Ce fut sa dernière gaminerie : quelques jours après, il était ministre.

Section III

Il passa d'abord plusieurs mois à l'India-Office, où il contribua au règlement de la question des frontières afghanes. D'après ce règlement, les passes de Zulfikar restaient dans la possession de l'émir, c'est-à- dire de ses alliés, les Anglais. Retenu à Londres par les affaires de son département, lord Randolph ne pouvait aller lui-même à Woodstock solliciter le renouvellement de son mandat. Lady Randolph Churchill, son énergique et charmante femme, escortée, comme Mme de Longueville, d'aides-de-camp féminins, se rendit sur le terrain, mena la campagne, et enleva l'élection.

Les mains liées, n'osant rien faire, ce premier ministère Salisbury vécut d'une vie assez étroite, sous le bon plaisir de ses ennemis et dans l'attente des élections qui le renversèrent. On sait ce qui suivit : comment Gladstone, rentré triomphant au pouvoir, se vit abandonné d'un tiers au moins de ses partisans lorsqu'il inscrivit l'autonomie de l'Irlande sur son programme ; comment il fit appel au pays, et comment le pays lui donna tort ; comment enfin lord Salisbury, après les secondes élections de 1886, redevint premier ministre, en s'appuyant sur une majorité compacte, formée de tous ceux pour qui la séparation de l'Angleterre et de l'Irlande était un crime de lèse-patrie, majorité solide et destinée, selon toute probabilité, à durer aussi longtemps que M. Gladstone vivra pour la tenir en échec. Lors de ce second avènement de lord Salisbury, lord Randolph Churchill reprit place dans le cabinet, non plus comme ministre secondaire, mais comme *leader* de la chambre des communes et comme chancelier de l'échiquier... Enfin ! Ce fut une heure unique, inoubliable, dans sa vie. Cette place qu'avaient occupée les William Pitt et les Robert Peel, où il avait vu longtemps assis Gladstone et Disraeli, elle était à lui, non par droit de naissance, mais par droit de conquête ; il s'y installait en vainqueur, à trente-sept ans, dans toute la force du talent, dans tout l'éclat de la popularité. Il semblait désigné pour commander cette armée brillante, mais disparate, où les vieux whigs et les radicaux de la nouvelle école coudoyaient les purs tories. Il pouvait imiter l'Alexandre de Quinte-Curce, qui, avant la bataille d'Issus, harangue Grecs, Macédoniens et Thraces dans des dialectes différents et avec des arguments opposés. Le premier n'avait-il pas crié à lord Hartington : « Nos principes sont ceux que préconisait Palmerston en 1857. Venez à nous, aidez-nous, *come over and help us* ? » Ne s'était-il pas, en souriant, laissé accuser d'être, à sa manière, un radical ? Comme les radicaux, n'admettait-il pas la nécessité de réviser le règlement de la Chambre, de supprimer les séances tardives qui condamnent les politiciens aux fatigues et aux tentations du noctambulisme ? Comme les radicaux, n'était-il pas tout disposé, pour diminuer la congestion parlementaire, à développer raisonnablement le gouvernement local, et, par conséquent, à monter en croupe sur le dada de Joseph Chamberlain ? Enfin, comme les radicaux, ne reconnaissait-il pas, lui, fils de duc, que tout n'est pas pour le mieux dans la distribution de la propriété, et qu'il existe une question sociale ? C'étaient là des titres à la confiance des auxiliaires de l'aile gauche.

Et puis, il allait tenir la bourse de l'Angleterre, et, n'ayez pas peur, il la tiendrait serrée ! Par là, il commandait tous les départements ministériels. On n'y dépenserait pas un *penny* de trop sans sa permission. « La grande affaire du parlement, avait-il souvent répété, n'est pas de légiférer, mais de discuter la loi de finances. » Il avait dit aussi : « Si l'archange Gabriel était au banc des ministres, je lui demanderais compte du dernier *farthing* qui sort de la poche des contribuables, » Maintenant, grâce à Dieu, l'heure était venue de faire succéder les actes aux paroles. Donc guerre aux folles dépenses, guerre aux abus, guerre à ces commis infatués, immuables, irresponsables, qui ne permettent même pas à un ministre de savoir ce qui se passe chez lui !

Si, à force de parcimonie, il arrivait à créer des excédents, — quel chancelier de l'échiquier ne caresse cet espoir pendant les vingt-quatre premières heures de son règne ? — il saurait bien qu'en faire. Dès ses débuts, il s'était montré assez dédaigneux envers l'économie politique, *the dismal science*, la science lugubre, comme disait Carlyle, celle qui, — prétendent les malveillants, — s'est le plus moquée des hommes, après la métaphysique. Résolument protectionniste, il accusait le libre échange d'avoir rainé le paysan sans mettre l'ouvrier à son aise. Des deux, le dernier était aujourd'hui le plus misérable, à raison de la crise industrielle. Si bas que soit le prix du pain, il sera toujours cher pour l'ouvrier qui n'a point de salaire ! Peu à peu il s'était converti au principe qui est aujourd'hui accepté comme un axiome par les deux partis, à savoir qu'il ne faut pas imposer, ou qu'il faut imposer le moins possible, les denrées qui servent à l'alimentation du peuple. A cet égard, la marge était assez large encore pour les progrès à réaliser. « Savez-vous, avait-il dit dans son mémorable discours de Blackpool, savez-vous que votre chocolat paie 13 pour 100 à l'état, votre café 18, votre thé 47, votre brandy 114, votre rhum 504, et votre tabac, — le tabac du pauvre homme ! — jusqu'à 1,400 pour 100 ! » Mais il était chancelier de l'échiquier : ces anomalies allaient cesser. En toutes choses, il chercherait non à réformer, mais à restaurer, à remettre en honneur et en lumière les vieilles maximes de la constitution anglaise. Plus de *shams*, plus de *humbugs* ! Sa politique appellerait les choses par leurs noms, *a policy of calling the things by their names* : ce serait la politique de la sincérité et du bon sens.

Ces illusions durèrent peu. Lord Randolph trouva le désordre encore plus grand, le mal encore plus enraciné qu'il ne l'avait cru. Comment, en quinze ans, un budget de 1,700 à 1,800 millions de francs était-il monté à 2 milliards 1/2, auxquels il faut ajouter 800 millions de taxes locales, qui portent à 3 milliards 300 millions l'ensemble des charges annuelles pesant sur une nation de 30 millions d'hommes ? Ici, on n'a eu ni emprunt de 5 milliards, ni caisse des écoles, ni chemins de fer de l'état, ni aucune de nos grandes folies budgétaires. L'Angleterre a, il est vrai, plusieurs Tonkins ; mais il en a toujours été ainsi, et c'est là une condition presque normale de sa vie comme empire colonial et maritime. L'unique raison de cet immense accroissement de la dépense publique, c'est le gaspillage, l'absurde et inepte gaspillage. En Angleterre, depuis le premier commis de la trésorerie jusqu'à la dernière des filles de cuisine, tout le monde gaspille et met une sorte d'orgueil à gaspiller. Pour ne citer qu'un exemple, j'ai entendu dire à M. Gladstone qu'un quart, un tiers peut-être, du charbon extrait de la mine, est perdu par l'incurie de ceux qui exploitent, transportent ou emploient le précieux combustible. Il en est de même de l'argent des contribuables.

L'administration de la guerre et celle de la marine parurent au jeune chancelier de l'échiquier plus scandaleuses que toutes les autres. Cinq cent cinquante-sept employés touchaient un traitement supérieur à 11,500 francs. Chaque ministre, en arrivant, mettait des employés à la retraite pour placer ses créatures : c'est ce qu'on appelle « réorganiser » un ministère. Par suite de ces « réorganisations, » la liste des pensions, sans cesse grossie, comprenait des retraités qui n'avaient pas plus de trente ans. Au département de la marine régnaient des traditions étranges. L'amirauté fabriquait elle-même sa corde, pour avoir le plaisir de la payer 25 pour 100 plus cher que dans le commerce. Pour approvisionner ses marins, elle envoyait du rhum à la Jamaïque, de la viande conservée en Australie. On construisait, à grands frais, de nouveaux navires qui cessaient de gouverner au-delà d'une vitesse de 7 à 8 nœuds ; on fabriquait, malgré les observations des gens du métier, des canons qui éclataient au second coup. Le laisser-aller, la complaisance ou la malhonnêteté allaient si loin, que des entrepreneurs, qui demandaient 8,000 livres sterling pour la construction d'une machine à vapeur, en obtenaient 15,000. Plus tard, une enquête établissait que la valeur réelle de la machine ne dépassait pas 2,000 livres. Ainsi, au lieu de marchander, on surenchérissait ; les fournisseurs de l'état réclamaient trop : on leur donnait davantage. Mieux encore, on payait, par distraction ou autrement, des sommes qui n'étaient point dues ni promises. Les *auditeurs* signalaient au parlement une petite erreur de plusieurs millions ainsi payés en trop, et le parlement n'en avait cure. L'Angleterre dépensait pour son armée et pour sa marine 250 millions de plus que l'Allemagne, et 50 millions de plus que la France. En ajoutant à cette dépense les frais du budget militaire de l'Inde, on atteignait un total formidable de 1,300 millions de francs. Pour cette somme, l'Angleterre pouvait mettre en ligne une armée de 150,000 hommes et une flotte à peine supérieure à celle de la France. Ses arsenaux étaient vides ; vides aussi ses magasins d'approvisionnements. Elle ne possédait aucun canon de gros calibre, ou, si elle en possédait, elle n'avait point les projectiles nécessaires pour les utiliser. Elle n'avait de transports que pour 20,000 hommes. Ses forteresses étaient désarmées. Son fusil était médiocre, son canon le plus mauvais de l'Europe.[5]

---

5 Il y a quelque chose à rabattre de ces exagérations d'un patriotisme inquiet. Cependant, en ce qui touche l'amirauté, les manœuvres navales qui viennent d'avoir lieu ont confirmé, sur beaucoup de points, les craintes de lord R. Churchill.

Augustin Filon

Lorsque lord Randolph Churchill réclama des réductions, on lui répondit par des demandes de crédits nouveaux. On voulait construire un palais pour loger ces bureaux civils de la guerre, déjà si coûteux, si encombrants, et les devis ne s'élevaient guère à moins de 25 millions de francs. Parmi les adversaires les plus bruyants de la politique d'économie était ce général Wolseley, dont la reine a fait un lord, et dont l'amour-propre anglais a failli faire un héros. Ses premiers exploits ont été d'écraser une poignée de pauvres métis franco-indiens, errants dans les solitudes glacées du Manitoba, puis un petit roi nègre de la côte de Guinée. Ensuite vint une victoire à la Pompée, remportée sur les derniers débris de l'armée zouloue, et à laquelle succédèrent les lauriers artificiels de Tel-el-Kébir ; enfin, la désastreuse campagne du Soudan, que ni la vanité nationale ni l'optimisme officiel ne peuvent transformer en succès. Aujourd'hui, sous le nom d'adjudant-général, il est le chef véritable de l'armée, la mène, la surmène et se démène. Ce grand homme de guerre criait plus fort que les autres contre lord Randolph, l'accusant de vouloir réduire l'armée anglaise « à deux hommes et un petit garçon. »

Le ministre déclara qu'il ne voulait ni affaiblir l'effectif de l'armée, ni diminuer la force de la marine. Loin de là ! L'Angleterre, prétendait-il, devait, en dépensant moins, exiger plus de ceux qui présidaient à la défense du pays. L'argent était mal employé, par la faute des hommes, et surtout par la faute des traditions administratives. « votre système est pourri et vicieux, disait-il à ses collègues ; réformez-le. » Il s'aperçut qu'on ne l'écoutait pas, et même qu'on suivait ses déceptions avec une certaine satisfaction malicieuse. Ce n'était pas sans perfidie qu'on lui avait livré d'un coup le difficile maniement des forces conservatrices, et le plus laborieux, le plus scabreux des départements ministériels. De notre temps, en Angleterre, les frères de Joseph ne l'auraient pas vendu à des marchands égyptiens : ils l'auraient nommé chancelier de l'échiquier dans un moment de crise économique, et lui auraient donné à diriger une armée de tories et de radicaux. Quant à ceux-ci, l'adhésion donnée à quelques-unes de leurs doctrines les touchait peu : ils ne se souvenaient que des sarcasmes dirigés contre leurs personnes.

C'est ici la seconde crise, et la plus grave, dans la vie de lord Randolph Churchill. Que fera-t-il ? Se résignera-t-il à signer sans lire ? Couvrira-t-il de son nom une bureaucratie dépensière et stupide ? Échangera-t-il les belles maximes de l'opposition contes les détestables pratiques du gouvernement au jour le jour ? Tant d'autres l'ont fait avant lui et s'en sont bien trouvés : ainsi ne fera point lord Randolph. Il renonce à ces honneurs tant désirés, donne sa démission, et retourne s'asseoir à la place qu'il occupait, jeune homme inconnu, il y a plus de douze ans.

On m'a dit, de différents côtés : « Mais vous ne connaissez pas les dessous de la politique ! Lord Randolph avait fait fiasco : il a cherché une sortie à effet. » J'en suis fâché pour les ennemis de lord Randolph, mais j'ai peur que leurs médisances ne tiennent pas une grande place dans l'histoire. Les difficultés qui l'ont fait échouer, ce sont eux qui les ont créées, qui les ont grossies, qui les ont accumulées sur sa route. Un peu de bonne volonté et le fiasco était un triomphe.

Tombé du pouvoir, lord Randolph Churchill demanda une enquête parlementaire sur l'administration des finances. On lui promit de nommer une commission ; puis on ajourna, on éluda, on tergiversa, si bien que le ministre démissionnaire se décidait, le 3 juin 1887, à faire devant les électeurs de Wolverhampton, et, par conséquent, devant le pays, l'exposé des motifs qui avaient amené sa retraite. Il donna à lord Wolseley le plus catégorique et le moins gracieux des démentis. Il mit en regard, par le plus inquiétant des contrastes, l'énormité des sommes dépensées et la ridicule pauvreté des résultats. De ce jour date l'agitation, ou plutôt la panique, à laquelle nous assistons. Par son exagération même, elle prouve quel retentissement profond et prolongé ont dans le public les paroles du jeune lord.

Section IV

Les attributions de lord Randolph Churchill ont été partagées. On a donné l'échiquier à M. Goschen, qui connaît la tenue des livres et manie élégamment les chiffres. La direction des débats a passé à M. Smith, parleur facile, esprit souple, modéré, fécond en ressources. Sans vouloir offenser cet habile homme, j'oserai dire que, pour le moment, le véritable leader du parti conservateur dans la chambre des communes, c'est un radical, M. Chamberlain. N'est-ce pas pour complaire au député de Birmingham, pour conserver son alliance et les quelques voix qu'il entraîne à sa suite, que le parti tory s'est résigné aux deux mauvaises lois qui représenteront le triste bilan législatif de 1888 ?

La première de ces lois est une fausse réforme de la chambre des lords, mesure ambiguë, hypocrite, dangereuse pourtant, dans sa timidité et dans sa mesquinerie, à cause des principes qu'elle introduit. Dorénavant, la haute assemblée pourra expulser de son sein les membres indignes ; nul ne saurait dire comment elle se servira de ce droit et si, dans les mauvais jours, elle n'en usera pas tyranniquement. Le gouvernement reçoit la faculté de fabriquer des pairs à vie : moyen facile de créer des majorités factices. Chaque fois qu'il se livrera à des infusions de pairie viagère dans la noble assemblée, il en diminuera la force et le prestige. Quel crédit possèdent dans le pays les pairies à brevet, les sénats nommés par le pouvoir exécutif, quel secours ils apportent, dans les heures de crise, aux gouvernements qui les ont faits, nous le savons trop en France. Si l'on renonce à l'hérédité de la pairie, c'est dans l'élection, à un degré quelconque, qu'il faut tremper la haute chambre ; mais, dans ce cas, plus d'aristocratie, plus de frein contre la démagogie et le despotisme. Un peuple doit avoir le courage de ses institutions. J'ai rappelé, au début de cet article, une boutade de Kingsley : elle signifie que la chambre des lords représente, en Angleterre, tout ce qui se lègue, tout ce qui se conserve, tout ce qui dure, les intérêts permanents, héréditaires, et, d'une manière générale, la propriété. La chambre des communes, elle aussi, a été longtemps une assemblée de propriétaires. Maintenant qu'après des abaissements successifs du cens électoral, elle émane, ou peu s'en faut, du suffrage universel, la chambre des lords semble plus nécessaire que jamais. Si elle n'existait pas, affirment beaucoup de gens, ce serait le cas et le moment de l'inventer. Qu'on la renverse, et c'est le premier coup porté au droit de propriété !

L'autre loi, votée pour être agréable à M. Chamberlain, organise en Angleterre des conseils-généraux. Le célèbre orateur radical a deux plans qu'il caresse alternativement. L'un, sorte de loi agraire, n'est que la mise en pratique des théories de Stuart Mill, rectifiées et précisées par Frederick Harrison ; l'autre est relatif à ce que nous nommons en France la décentralisation politique et administrative. Comme le premier plan implique le bouleversement de la fortune territoriale et un avant-goût très sérieux d'expérience socialiste, lord Salisbury a préféré subir le second, qui ne comporte qu'un déplacement d'influences et l'avènement d'une nouvelle couche de parvenus. Entre un danger public et une chinoiserie parlementaire, il a choisi celle-ci. Il a mieux aimé ajouter à la constitution un appendice inutile que d'en ruiner les fondations vénérables. Donc, avant peu, l'autorité, plutôt morale que légale, dont jouissait la *gentry* depuis plusieurs siècles, va passer aux petits usiniers, aux négociants de médiocre envergure, aux agents d'affaires, aux marchands de biens : une assez vilaine race, à peu près analogue à celle qui tient aujourd'hui dans ses mains les destinées de la France. Reste à savoir si l'Angleterre ne déplorera pas amèrement de s'être donné de tels maîtres, si elle ne regrettera pas ses *squires*, comme elle regrette ses *yeomen*, l'honneur et la force d'autrefois. Me permettra-t-on de dire toute ma pensée ? Décentralisation est, en matière d'organisation politique, un mot vide de sens, une parfaite utopie. Les sociétés se forment par agglomérations graduelles et successives ; elles ne retourneront jamais, par voie constitutionnelle, du simple au composé. On ne crée pas des parlements par boutures, en enfonçant dans la terre des ramuscules arrachés au grand arbre ; pas plus qu'on ne fait pousser des hommes si l'on fiche dans le sol des débris humains. Interprété par l'histoire, le mot décentralisation signifie la décomposition, la désagrégation dernière des atomes, c'est-à-dire la mort des grands organismes qu'on nomme des nations.

Lord Randolph Churchill est demeuré à peu près étranger à ces deux lois : on doit l'en féliciter. Il emploie son action indépendante à assainir les bureaux, à répandre les vrais principes de l'hygiène administrative et politique. Dans les hôpitaux, depuis dix ou quinze ans, on a sauvé plus de malades avec l'air pur et l'acide phénique qu'avec la vieille thérapeutique ; lord Randolph applique aux choses gouvernementales la méthode de Lister, et il cautérise, là où l'acide phénique ne suffit pas. Récemment encore, il était à la tête de ceux qui ont réclamé une enquête sur les agissements du *Metropolitan board of works*, soupçonné de pratiques scandaleuses. Son influence est grande, bien qu'elle n'ait rien d'officiel. L'autre jour, comme on réorganisait l'antique municipalité de Londres, un amendement radical mit en question la juridiction du lord-maire et de ses délégués, et l'étrange pouvoir que possède le vote d'une réunion de négociants pour conférer à son élu des attributions judiciaires. M. Smith paraissait assez disposé à prendre sous sa protection cette vieillerie irrationnelle et démodée, qui n'étonnait personne au temps de Dick Whittington et de son fameux chat, mais qui surprend au XIXe siècle presque autant qu'un chevalier du moyen âge rencontré sur la place de l'Opéra en dehors du carnaval. Lord Randolph prend la parole, approuve l'amendement ; son *leader* change d'avis, on vote, et le lord-maire cesse de juger. Comme président de la commission chargée d'examiner l'état réel des ressources défensives de la nation, lord Randolph a la main sur le pouls de l'Angleterre ; il est l'arbitre de ceux qui l'ont fait sortir du cabinet. Cette situation rappelle un peu celle de Gambetta dans la chambre française, avant et après son ministère. Mais Gambetta s'appuyait sur une coterie parlementaire, sur une poignée de bruyants et ambitieux camarades. Lord Randolph est soutenu, hors du parlement, par les masses conservatrices.

Les tories se décideront-ils avant longtemps à investir du pouvoir effectif le seul homme populaire de leur parti ? Je ne me charge pas de rien prédire à cet égard. On continue à adresser beaucoup de reproches au brillant député de Paddinglon[6] : deux, principalement, dont l'un vise son caractère, l'autre touche à ses doctrines. On l'accuse d'indiscipline : l'accusation a-t-elle beaucoup de portée ? Nos pères nous disaient, et nous répéterons à nos enfants, qu'il faut savoir obéir pour apprendre à commander. Il doit y avoir, dans le *Selectæ*, un « ancien, » peut-être plusieurs « anciens, » qui « avaient coutume de dire » une chose de ce genre. Avouons, entre adultes, que la maxime est lamentablement fausse. Il y a des hommes qui semblent faits pour le premier rang, d'autres pour le second ou le troisième. Quiconque obéit bien commandera mal. Réciproquement, c'est d'ordinaire par l'insubordination que les tempéraments nés pour l'autorité annoncent leur vocation.

Les variations politiques de lord Randolph Churchill forment un grief plus sérieux. Ces variations sont palpables. Protectionniste extrême, il est devenu un libre-échangiste conditionnel et mitigé. D'abord contraire à la réforme électorale, il s'y est rallié lorsqu'elle a été accompagnée d'un remaniement des circonscriptions, et il paraît aujourd'hui la considérer comme un bienfait. En matière de propriété, il a soutenu certaines motions avancées de sir Ch. Dilke, et il combat maintenant, avec raison, les mêmes tendances. En ce qui touche l'Irlande, il a été presque autonomiste : il est, à présent, unioniste intraitable. En ce qui touche l'Asie centrale et les rapports de l'Angleterre avec la Russie, il a soufflé le froid et le chaud, prêché la paix et la guerre. En ce qui touche l'Egypte, il s'est arrêté successivement à toutes les solutions : non-intervention, protectorat, annexion. Au début, l'aventure égyptienne était une « misérable et honteuse spéculation, une guerre d'actionnaires. » Depuis l'avènement des tories, « l'Angleterre a, dans la vallée du Nil, des intérêts à faire respecter : elle saura les défendre. » — « Si nous restons en Egypte, nous aurons l'Europe sur les bras ; — si nous quittons l'Egypte, que dira l'Europe pour laquelle nous montons là-bas une faction, au nom de l'humanité et du progrès ? » Suivant les besoins, suivant les dates, le canal de Suez est, ou cesse d'être, la route des Indes. Si lord Randolph a dénombré les trente-sept politiques de M. Gladstone, je ne serais pas très embarrassé de compter les cinquante

6 La circonscription rurale de Woodstock n'existe plus. Lord Randolph représente aujourd'hui le quartier de Londres où il habite.

politiques de lord Randolph.

Hé bien ! en dépit de ces contradictions qui tiennent au jeu des affaires humaines, à la fluctuation indéfinie des intérêts, à leurs combinaisons incessamment changeantes, je maintiens que le caractère politique de lord Randolph Churchill est un des plus nets, un des plus fermes, un des mieux assis de notre temps. Ce n'est pas dans les moyens employés, mais dans le but à atteindre qu'on doit chercher l'unité d'un homme d'état. Tout tend, chez lord Randolph, à la création d'une démocratie conservatrice. Il a dit un jour : « Le parlement peut se tromper, les journaux peuvent se tromper, la société de Londres et les clubs peuvent se tromper et se trompent presque toujours : le peuple ne peut se tromper. » Et sa devise est « *Trust the people*, ayez foi dans le peuple.* » Il a même prononcé le mot significatif d'appel au peuple, bien que ce mot n'ait pas dans sa bouche un sens plébiscitaire. Mais, encore une fois, si vous voulez que le peuple s'émeuve, s'ébranle et s'arme pour la défense des intérêts conservateurs, donnez-lui quelque chose à conserver ! C'est ce point que ne perd jamais de vue le député de Paddington.

Il s'est aperçu, depuis longtemps, que les théories radicales sur la répartition de la propriété sont, financièrement, des impossibilités. Dans un discours prononcé à King's-Lynn (20 octobre 1885), il a supposé réalisé, pour le comté de Norfolk, le plan de M. Chamberlain, qui accorde à chaque cultivateur trois acres et une vache. Avec autant de précision que de verve, il a prouvé, chiffres en main, que ce serait, à court délai, la banqueroute pour les contribuables et la ruine pour les malheureux qu'on veut bombarder propriétaires par décret. Et, en effet, les doctrines de M. George, soutenables dans une vaste région qui contient encore d'immenses espaces improductifs, deviennent un non-sens en Angleterre, dans un pays où la propriété foncière est le plus lourd des fardeaux et le plus mauvais des placements. C'est un luxe de riches, qui ne tentera jamais le pauvre. John Stuart Mill, cet étrange penseur qui vécut enfermé dans une conception logique, également impropre à l'observation et à l'action, voulait, pour commencer ce qu'il appelait la nationalisation de la terre, distribuer au peuple les grandes étendues incultes des *commons*, si fréquentes dans le sud et l'ouest. Les avait-il regardées, les landes dont il faisait largesse aux pauvres, ce philosophe ? S'il avait gratté le sol du bout de sa canne, il eût trouvé, sous une mince couche de terreau, le sable, et, sous le sable, l'eau ; non pas l'eau qui humecte et vivifie, mais l'eau qui noie et pourrit les racines végétales. L'herbe elle-même n'y vient pas ; il n'y pousse que la fièvre, avec des bruyères et des ajoncs. Pour mettre ces terres en valeur, si la chose est faisable, il faudrait des efforts, des sacrifices, des avances de fonds, dont la petite culture est incapable. L'étendue des champs arables diminue d'un million d'acres chaque année ; les *latifundia* s'accroissent, et bien avant qu'on en soit venu à appliquer les idées de M. George, personne ne sera plus assez opulent pour posséder de la terre, car une ferme sera devenue une propriété plus stérile et plus coûteuse qu'un collier de perles ou une rivière de diamans. Les cultivateurs, découragés, émigrent vers les grandes villes ou vers les colonies. Comment arrêter ce mouvement ? Comment repeupler les campagnes ? Imaginez un petit tailleur de Birmingham ou de Manchester, gêné dans ses affaires, talonné par ses échéances : lui offrirez-vous, suivant la formule radicale, trois acres et une vache ? Est-ce qu'il ne croira pas à une mauvaise plaisanterie ? Est-ce que tout ne lui manque pas pour utiliser ces bienheureux acres de terre : le temps, la volonté, les bras, les connaissances, l'argent ? Est-ce que ces trois acres le sauveront de la faillite qui le menace pour la semaine prochaine ? On cherche le remède où il n'est pas, parce qu'on ne voit pas le mal où il est. Si le peuple comparait l'indigence de cette pauvre terre, qui succombe sous ses charges et n'en peut plus, avec les immenses richesses mobilières accumulées depuis un siècle par l'industrie, il saurait, et pour jamais, où est la véritable question sociale. C'est ce qui ne conviendrait guère à M. Chamberlain et aux autres capitalistes de son école, radicaux par égoïsme et socialistes par terreur.

Lord Randolph Churchill ne « partage » pas de terre au peuple, comme le Caïus Gracchus de Birmingham. D'abord, comme il l'a dit spirituellement, il ne possède pas en propre un seul arpent, et il n'est pas de ceux qui distribuent les terres d'autrui. Il voudrait que le paysan possédât sa maison. Aujourd'hui, il a deux maîtres, l'un auquel appartient le sol qu'il cultive, l'autre auquel appartient le cottage qu'il habite. Le premier est son protecteur naturel ; le second est d'ordinaire un spéculateur étranger, impitoyable et rapace : c'est de celui-là que lord Randolph Churchill veut le débarrasser. Il admet aussi que le paysan puisse acquérir la terre par son travail, et pour lui en faciliter les moyens, pour chasser du marché les intermédiaires qui l'exploitent, il propose d'assurer au cultivateur un droit de préférence pour l'achat du lot de terrain qu'il met en œuvre. Le transfert de la propriété foncière doit devenir plus simple et moins cher ; la misérable situation du propriétaire viager doit s'améliorer ; l'*entail* qui immobilise la terre dans les mêmes mains doit disparaître, à commencer par l'*entail* sur des existences encore à naître. Plus facile à acquérir, la propriété rurale sera aussi moins onéreuse à posséder, si on dégrève l'agriculture, non pas en créant de nouveaux impôts dont elle porterait, indirectement et en fin de compte, tout le poids, maison restreignant la dépense publique. Lord Randolph s'occupe aussi, s'occupe surtout, des ouvriers : ne sont-ils pas, et de beaucoup, les plus nombreux ? Il entend les installer, aux portes mêmes des grandes villes, dans des maisons pourvues de jardinets et dont ils auront la pleine et entière propriété. Jusqu'ici, les travailleurs de l'industrie sont campés dans nos sociétés modernes comme les barbares dans l'empire romain. Il faut que ce nomade inquiétant s'assoie, qu'il ait, comme les autres, un foyer, des traditions et un lendemain, en attendant qu'une répartition plus équitable de la richesse publique lui assure sa part des trésors qu'il crée. Tel est le programme de lord Randolph Churchill : il est exécutable parce qu'il est modeste.

Quant à sa politique extérieure, il est permis de se demander s'il en a une. Sans doute, il se réserve, et il a raison. On a noirci beaucoup de papier, donné la volée à beaucoup de *canards* à propos de ses voyages sur le continent. Un de ses confidents les plus intimes m'a assuré que c'étaient de simples voyages d'agrément. Disons plutôt des voyages de curiosité, des voyages d'études. Un Randolph Churchill ne court pas l'Europe uniquement pour visiter des musées, des églises et des points de vue. L'homme qui dirigera peut-être un jour la politique britannique a désiré voir de près ceux qui mènent le monde, et je ne doute pas que la pénétration moqueuse du jeune lord n'ait rapporté, de ces diverses expériences de psychologie politique, une moisson assez riche d'observations. Il ne révère pas nos gouvernants, mais il n'a pas, que je sache, insulté notre pays. Le temps viendra peut-être où la paix de l'Europe dépendra encore une fois de l'alliance de l'Angleterre avec les races latines réconciliées. Ce jour-là, lord Randolph Churchill, assagi par le pouvoir et par les années, pourrait être le meilleur ami de la France, si la France elle-même était alors en bonnes mains.

Ce jour est éloigné ; bien des morts nous en séparent, et peut-être bien des naissances, beaucoup d'événements et d'avènements. Aujourd'hui nous sommes en quarantaine : efforçons-nous de rendre la quarantaine confortable et sûre. On décrète contre nos idées une sorte de nouveau blocus continental : acceptons-le, en nous rappelant comment fut exécuté l'ancien et comment il a fini. Soyons une île, puisque la situation insulaire a si bien réussi à nos voisins, dont l'exemple est quelquefois plus précieux que l'intimité. On nous fait, parait-il, quelques avances de l'autre côté du détroit. Ces avances dureront jusqu'au moment où le châtelain de Friedrichsruhe adressera au cabinet de Saint-James une de ces grimaces qu'on est convenu, en Europe, de considérer comme des sourires. Les républiques ne gagnent rien à flirter, soit avec les empires lointains, soit avec les monarchies prochaines. C'est donc en curieux, en simple amateur du courage et de la sincérité politiques que j'ai étudié lord Randolph Churchill. J'ai essayé de montrer comment raisonne, parle, agit, dans les temps révolutionnaires que nous traversons, l'homme qui s'annonce comme un grand *leader* conservateur, populaire et chrétien.

ISBN : 978-1546758266